ALPHABET NOUVEAU

A L'USAGE

Des Sœurs de Saint - Joseph.

*21
186)*

BORDEAUX

MAISON-MÈRE DES SŒURS DE SAINT-JOSEPH,
17, rue du Hâ, 17.

—

1866

ALPHABET NOUVEAU

Toulouse, imp. L. Hébrail, Durand et Comp. rue de la Pomme, 5

ALPHABET NOUVEAU

A L'USAGE

Des Sœurs de Saint-Joseph.

BORDEAUX

MAISON-MÈRE DES SŒURS DE SAINT-JOSEPH,

17, Rue du Hà, 17.

1867

1ʳᵉ LEÇON.

—

A B C D E F

a b c d e f

G H I J K L M

g h i j k l m

N O P Q R S

n o p q r s

U V X Y Z

t u v x y z

1re PARTIE.

A B C D E F G H I

EXERCICE.

B H F C G I A E D

I C G D A H B F E

2me PARTIE.

J K L M N O P Q

EXERCICE.

O Q M N J P L K

P M J K R Q O N L

3me PARTIE.

R S T U V X Y Z

EXERCICE.

X T R V Z S U Y

Z U T X Y V R S

ALPHABET MINUSCULE.

a b c d e f g h i j k l

a be que de e fe gue ache i je que le

m n o p q r s t u

me ne o pe que re se te u

v x y z

ve quece i ze

1re PARTIE.

a b c d e f g h i

EXERCICE.

b h f c g i a e d

i c g d a h b f e

2me PARTIE.

j k l m n o p q

EXERCICE.

o q m n j p l k

p m j k q o n l

3mo PARTIE.

r s t u v x y z

EXERCICE.

x t r v z s u y

z u t x y v r s

Différentes sortes d'e.

e é è ê

Voyelles simples.

Brèves,

a e é è i o u y

Longues.

ô ê î ô û

Consonnes simples.

b c d e f g h j k l m n p
q r s t v x z

EXERCICE.

c r u f i e r è p o j k o ê
p f a b c é u d i o q
r s e i t x è g z

2ᵉ LEÇON.

ba	bi	bê	bé	bu
be	by	bo	bè	
d'a	du	dy	d'o	d'ê
dé	di	dé	de	
fê	fa	fi	fé	fu
fy	fe	fo	fè	
j'u	j'é	j'ï	ja	j'ô
je	j'y	jè	j'ê	
kâ	ki	ko	ke	kê
ké	kè	ku	ki	
lê	l'é	ly	lê	lâ
li	l'u	le	la	
mu	mi	m'a	my	mé
mê	me	mo	mê	
nè	né	n'y	ne	n'a

nu	ni	nê	no	
pu	pu	pê	po	pé
pi	pa	pe	pé	
ra	re	ré	rê	ri
ru	rê	ry	ra	
sé	si	sê	sa	su
sy	sê	so	se	
té	t'a	té	ty	to
tu	tê	ti	te	
vu	ve	vi	vo	vê
vé	vo	vê	vy	
xi	xa	xu	xo	xe
xê	xy	xè	xé	
zy	za	zu	zo	zè
zé	zi	zê	ze	

REMARQUES.

La lettre **c** conserve sa prononciation gutturale devant les voyelles **a o u**.

ca   co   cu

mais cette lettre s'adoucit, c'est-à-di
qu'elle se prononce comme *ss* devant le
lettres *e é è ê i y*.

ce cé cè cê ci cy

EXERCICE.

**ce ca co ci cê cy
cu cé cê co ci cu**

Cette lettre marquée d'une cédille se
prononce toujours *ss*

ça   ço   çu

sa   so   su

La lettre **g** conserve sa prononciation
gutturale devant les mêmes lettres *a o u*

ga go gu

mais cette lettre s'adoucit, c'est-à-dire qu'elle se prononce comme **j** lorsqu'elle est suivie de *e é è ê i y*

ge gé gè gê gi gy

La lettre **h** seule n'a aucune prononciation.

ha he hé hè hê hi ho hu hy
a e é è ê i o u y

1re LECTURE.

Madame, lire, salade, pâte, menace, gage, parole, cabane, cigale, camarade, amazone, gaze, calice, race, cage, capucine, rivage, figure, potage, reçu, ici, café, ridicule, Limoge, déluge, rixe, fixe, axe.

La salade de céléri.

Cécile a une robe de popeline.

Le Pape habite Rome.

Adèle sera malade.

Adeline ira à la côte du Midi.

La cage du canari.

La lime d'Anatole.

Céline se lève.

Le joli bocage de ma mère.

Le pilote du navire me ramènera à l'île de Cuba.

Caroline imite Lucile.

Ninive s'élève.

La petite Luce sera sage.

Le sage ami du père dira la vérité.

La cité repose.

Elina gâte Liduvine.

La cité de Babylone étale sa vanité.

Papa a une pipe d'écume.

Coraly fera sa robe.

Caligula a vu une dame.

Le pilote habite une cabine.

Sara fera sa page.

Marino a vu l'île de Ré.

L'avare sera puni.

Remy dînera à Nice.

L'orage menace, ami, rame vite, et ramène à la rive la petite Lili.

REMARQUE SUR LA LETTRE S.

Lorsque cette lettre se trouve placée entre deux voyelles elle se prononce **z**.

EXERCICE.

ase èse ise ose usé
asi eso isu iso esa

visage, camisole, cerise, rose, générosité, vase, devise, rusé, besace, bise.

Luce se lave le visage.

Elisa fera une cage.

Honorine fera sa camisole.

Rose finira sa robe.

Anatole lavera le vase doré.

Elise a une robe de gaze.

Aline a de la générosité.

La petite Eva a usé de ruse.

Caroline a reçu la visite de la petite Cécile.

3me LEÇON.

VOYELLES DIPHTONGUES.

ia *se prononce* ia *comme dans* piano.

ya	»	ia	»	Cyaxare.
iè	»	iè	»	fière
io	»	io	»	fiole
yo	»	io	»	yole
ui	»	ui	»	cuire
oi	»	oi	»	boire
ien	»	ien	»	bien

EXERCICE.

iê	io	oi	io	ya	yé
ien	ui	io	oi	ieu	ui
oi	iè	ui	io	ya	ié
ien	oi	ié	ien	oi	io

bia	cia	dia	fia	gia	hia
tiè	biè	miè	niè	piè	riè
kio	rio	pia	vio	fio	mio
toi	roi	doi	soi	joi	loi
lui	dui	pui	tui	hui	nui
bien	lien	rien	tien	sien	mien

y dans le corps d'un mot, précédé d'une voyelle, égale deux **i**. Ainsi :

le mot	moyen	*se prononce*	moi	ien
	tuyau	»	tui	iau
	noyé	»	noi	ié
	voyage	»	voi	iage
	joyeux	»	joi	ieux
	rayon	»	rai	ion
	moyeu	»	moi	ieu
	payé	»	pai	ié

2e LECTURE.

Cuire, luire, mariage, cafetière, moyen, manière, piano, celui, poire, boire, paye, fiole, période, moyeu, juive, tuile, acacia, tuyau, piété, fuite, Maria, diagonale, nuire, noyé, voiture, moine, diluvien, boîte, aboi.

L'e muet, suivi de la lettre s et t, se prononce è.

La mémoire de Jérôme est rare.

Lucile a la moitié d'une poire.

Maria a une cafetière.

L'héritière d'Anatole est fière.

Anatole a été noyé.

La fuite d'Honorine est subite.

La nièce de Luce est sage.

Ce moyen réussira.

L'amitié est rare.

Eloi va à la rivière.

Lydia a vu la rivière de la Loire.

4me LEÇON.

VOYELLES COMPOSÉES.

ai *se prononce* è *comme dans* j'aimerai
ei   »   è   »   reine
au   »   ô   »   jaune
eau   »   ô   »   bateau
eu   »   eu   »   heureux
œu   »   eu   »   vœu
ou   »   ou   »   joujou

EXERCICE.

au	eu	ei	ai	eau	ou
œu	au	eau	eu	ei	œu
ei	ou	ai	eau	eu	eau
ou	ai	eu	ou	ai	ei
au	eau	œu	ei	ou	ai

beau	feu	tei	l'ai	teau	dou
vœu	sei	nou	nau	jeu	l'au
vou	rai	peau	tei	veau	j'ai
meu	vœu	vai	heu	reau	bœu
cei	cau	fei	deu	dai	nou

3ᵉ LECTURE.

couteau, neige, seau, Madeleine, reine,
laine, soupe, boule, gâteau, saule, roseau,
taureau, jaune, neuve, veuve, rideau,
route, rameau, meute, fuseau, bureau,
beau, épaule, sauce, Louise, réjoui, Dieu,
lieu, miaule, pieu.

Madeleine ira au bureau de ce notaire.
La peau de ce moineau est rouge.
La case du sauvage est petite.
L'âme fidèle s'élève à Dieu.

J'écoute l'oiseau solitaire.

La foule va au hameau.

Isabeau de Bavière était une mauvaise reine.

J'aime la cité de Pau.

Le Canadien est agile.

L'eau de la Seine est sale.

L'humide roseau.

Le roseau demande de l'eau.

J'ai vu une aurore boréale à Riga.

Le bedeau a reçu le cadeau du nouveau marié.

Le museau du souriceau est velu.

Je me lève à l'aurore.

La foi mène à Dieu.

La capucine est originaire du Pérou.

Le bébé de cire est à Caroline.

Rosine aide sa mère à la cuisine.

Louise a reçu une boîte.

Ma cousine a vu le piano de Ludovica.

Le pilote du bàteau rame vite.

Le taureau a paru au milieu de l'arène.

L'hyène est fauve.

Emile ira à la Réole.

La foire de Beaucaire est fameuse.

La Sicile est une île de l'Europe.

Marily fera le voyage de l'île de la Réunion.

———————

5ᵉ LEÇON.

VOYELLES NASALES.

an	se prononce	an	comme dans	ruban
in	»	in	»	vin
on	»	on	»	bonbon
un	»	un	»	aucun
am	»	an	»	lampe
en	»	an	»	pente
em	»	an	»	tempe
im	»	in	»	timbale
ain	»	in	»	pain
aim	»	in	»	faim
ein	»	in	»	peinture
yn	»	in	»	syncope
ym	»	in	»	tympan
om	»	on	»	pompe
um	»	un	»	humbépaire
eun	»	un	»	**Lise est à jeun**

an am en — in im ain aim ein yn ym
— on om — un um eun.

EXERCICE.

an	ein	om	em	un	in
ein	em	am	im	on	un
on	eun	um	on	un	im
aim	om	en	in	aim	on
en	yn	on	ain	en	un
ym	aim	eun	am	in	eun
ein	an	un	en	um	em
ym	yn	aim	ain	em	ein

---

son	fum	nain	den	syn	lon
tem	sen	tam	fum	tein	sim
sen	sein	lym	sain	tem	bon
pein	sym	ten	pom	don	fein
hum	cain	jeun	nun	jan	pain
l'un	tim	t'en	cam	mon	tein

4e LECTURE.

Amande, tante, tempe, lampe, mince, imbu, pompe, alun, jambe, ambigu, moulin, cousin, dindon, faim, pinson, salon, lundi, éteinte, pente, bénin, malin, ceinture, linge, vin, demain, étain, daim, ronde, leçon, melon, nom, compère, plomb, bronze, bambou, viande, sainfoin, opinion, Sérapion, bombe, tombeau, syncope, juin, tympan, jambon.

J'ai bu de bon vin.

Le timon de ma voiture est cassé.

Le maintien de Pauline est bon.

Mon couteau est pointu.

Mon père a écouté le vœu de ma défunte mère.

Napoléon s'empara de Milan.

Le son de la pendule a retenti.

La viande sera cuite à midi.

La lampe de mon cousin s'est éteinte.

Eugène m'a envoyé un beau piano.

Louise a vendu sa boîte.

Le bureau de papa est en acajou.

RÉCAPITULATION DES VOYELLES CONNUES.

a	e	é	è	ê	i	o	u	y
ai	ei	au	eau	eu	œu	ou	an	
am	en	em	in	im	ain	aim		
eim	yn	ym	on	om	un	um	eun	

6me LEÇON.

CONSONNES COMPOSÉES.

ch	ph	gn	ill	qu	l'h
che	fe	gne	glie	que	lè

m'h	n'h	s'h	d'h	j'h	ll
me	ne	se	de	je	le
mm	nn	rr	ss	ff	tt
me	ne	re	se	fe	te
bb	gg	dd	cc	pp	
be	ge	de	ce	pe	

EXERCICE.

gn	ch	que	ph	ill	ll
mm	n'h	tt	ch	qu	ph
gg	gn	ch	ill	ph	s'h

---

ch   *ph*   *gn*   *ill*   *qu*

ch	chou	chai	chan	chain	chau	chon
ph	phon	pha	phan	phy	pho	phé
gn	gna	gnon	gnou	gneau	gne	gno
ill	illou	illon	illan	illau	illon	illau
qu	qu'au	qu'en	qui	qu'ai	que	qua

l'ha   l'ha   d'hon   tten   rreau   ccou

5ᵉ LECTURE.

Chameau, caillou, phénomène, quai, l'homme, nourriture, poche, feuille, phare, bataille, chacun, bosse, mignon, chausson, agneau, peigne, rouille, paille, rognon, bouilli, pomme, mignonne, canne l'heure, bouche.

REMARQUE.

L'**e** muet suivi d'une double lettre devient ouvert, ainsi le mot

belle	*se prononce*	bèle
nette	»	nète
messe	»	mèsse
terre	»	tèrre

Il est également ouvert devant la consonne **ill** — oreille.

Lorsque cette lettre **e** se trouve placée

devant un double **mm**, elle se prononce *a*.

Ainsi *femme* se prononce *fame*.

————

oreille, nette, dentelle, cette, oseille,
veille, femme, décemment.

La charité est divine.

Le poisson est ovipare.

La mouche repose sur la rose épineuse.

Le bateau a chaviré.

Le chapeau de mon père est usé.

La campagne de Rome est aride.

Le liége est une espèce de chêne.

Avignon a été la résidence du Pape.

La violette est le symbole de l'humilité.

Ce vaisseau a mouillé à l'île de Ré.

Emile, donne-moi ta belle balle.

J'irai à la messe demain matin.

La terre est ronde.

Cette petite élève à mérité une récompense, elle a bien su sa leçon.

7ᵐᵉ LEÇON.

---

bl	cl	fl	gl	pl	br	cr	dr	fr
ble	cle	fle	gle	ple	bre	cre	dre	fre

gr	pr	vr	tr	ccl	ffl	ppl	cer	ffr
gre	pre	vre	tre	cle	fle	ple	cre	fre

ppr	phl	phr
pre	fle	fre

EXERCICE.

bl	bla	blou	blon	bleau	blai	bleu
br	brui	brun	bron	broi	brin	brou
cl	cleu	clan	clain	cloi	clau	clé
cr	crin	crou	crau	cro	cran	croi

fl	flui	floi	flam	fleu	flan	flo
fr	frui	frein	fron	froi	fram	fran
gl	glon	grai	glu	glan	gleu	glou
gr	grain	glai	grou	greau	gran	gron
pl	plom	plen	plan	plau	plai	plin
pr	prai	prin	prein	proi	prau	preu
phr	phry	phré	phra	phro	phre	phry
phl	phla	phlu	phlé	phla	phlu	phle
	dra	droi	drai	pplan	vrai	ccru
ppro	ccla	ffra	ppli	ffloi	tron	

6ᵉ LECTURE.

tableau, branche, Crémieu, pantoufle,
grenouille, planche, drapeau, frange,
prudence, frontière, conclusion, souffle,
supplique, effroi, accoutumance, suppli-
cié, philologique, claire, pruneau, effa-
rouché, plausible, blanche, droiture.

Le taureau a paru au milieu de l'arène.

Le timon de ma voiture est cassé.

La tubéreuse sera votre emblême.

Je t'ai rencontré dans une clairière, où la fraise odorante offre une riche moisson.

La massette est une plante à tige creuse.

La canne de papa est en bambou.

J'aime le bon Dieu qui m'a donné ma chère maman.

Ma bonne m'appelle le matin, je me lève, je m'offre à Dieu, je me lave, je termine ma petite toilette.

Je mange une grenouille frite.

Je brode une pantoufle de ma tante, ma cousine brode l'autre.

L'emploi que Louise a sollicité lui a été accordé.

L'affluence du peuple à cette fête a été considérable.

La sainte Vierge est la bonne mère de la petite fille bien sage et bien docile.

Le calorique est un fluide.

La baleine est avide.

La morelle est une plante officinale.

Cette phrase est difficile à écrire.

La corolle est l'enveloppe de la rose.

L'abbé du monastère est un voisin charitable.

La ruse du démon a occasionné la perte d'Adam.

La blanche colombe de mon frère est bien loin.

8me LEÇON.

chr	thr	ps	sb	sc	sf	sm	sp	st	sv
cre	tre	pse	sbe	sque	sfe	sme	spe	ste	sve

sr	sph	squ	sth	spl	spr	scl	scr	sgr	str
sre	sfe	sque	ste	sple	spre	scle	scre	sgre	stre

EXERCICE.

thry	thré	thra	thru	thro	thri
spen	spon	spié	spi	spa	spin
stam	stau	stai	stain	stoi	sto
scan	scon	sfai	sfa	sla	stin
sque	squi	sté	spè	scla	splen
scru	sgra	stra	stru	spé	stroi
srci	strain	sclan	spro	sgri	spé
ffli	ffra	ccroi	ccla	ttron	ppli
ppren	ccra	ccru	cclo	fflan	spho
ffrai	ttra	ttri	ppro	strai	sgro
chro	psau	sve	sra	sma	sby

7me LECTURE

Chronique, Christophe, psaume, risque, spéciale, spirituelle, stable, astre, statue, espace, stère, estime, veste, tristesse, slave, fresque, spasme, spirisme, triomphe, stabilisme, empirisme, moustache, resplandissante, histoire, espagnolette, scandale, bosphore, escrime, estafette, sphère, sphérique, esclave, aspérité, philanthrope.

———

Le prophète psalmiste a célébré en style divin la magnificence de Dieu.

Le thuriféraire est un ministre de l'Eglise.

Le trône du prince est magnifique.

Ce roi est l'espérance du royaume.

Henri a escaladé la muraille du temple.

Le bien de Crescence s'est accru encore davantage.

Le stabilisme a plu à votre père.

L'homme respire, soupire, désire.

Le scandale de Jérôme a causé du chagrin à ma tante.

Ce poète a été sifflé au théâtre.

Joseph aime à apprendre sa leçon.

Julien est un philosophe logique.

Papa a été attristé de votre chute.

Chrysora a affranchi sa lettre.

Chrysostôme ira demain à la messe.

L'Espagne est un royaume d'Europe.

J'estime bien votre oncle d'Avignon.

La langue sanscrite est antique.

Le supplice horrible d'Hyppolite a effrayé le bourreau lui-même.

Le statuaire a réussi.

La chronique locale est intéressante.

L'éponge est toute pleine de vin.

9ᵉ LEÇON.

ab	è	eb	ib	ob	ub
ac	è	ec	ic	oc	uc
ad	è	ed	id	od	ud
af	è	ef	if	of	uf
ag	è	eg	ig	og	ug
al	è	el	il	ol	ul
ar	è	er	ir	or	ur
ax	è	ex	ix	ox	ux

oug	oul	ouc	our	ouf
œuf	eur	œur	air	oir
oif	oil	onc	inc	anc
al	ail	el	eil	eul
euil	oul	ouil	ef	ief
el	iel	aph	eph	uif
euf	uir	aug	oul	œur

EXERCICE.

l'ab	sec	bac	chef	m'ad
mer	bel	mal	leg	tar
tic	duc	nif	tup	nil
sur	tip	jac	mor	job
tub	sac	sol	l'ax	s'aug
joug	saul	toul	seul	noir
pour	teur	l'air	loir	poil
neuf	soif	seuil	nouil	tail
leil	lief	ciel	juif	bœuf

8ᵉ LECTURE.

Amiral, bal, canif, local, fortune, garde, gerbe, jour, tertre, finir, boudoir, voir, mouchoir, sec, chef, rechef, nul, pénultième, cœur, sœur, attirail, soleil, réveil, camail, éventail, pareil, cerfeuil, écureuil, fenouil, poil, neuf, orteil, relief, Joseph, fiel, leur, seigneur, auteur, seul, major, frayeur, parloir, bail, corail, Victor, soif, supplanteur.

L'amiral a monté sur le vaisseau.

Le canif du caporal de garde a le manche noir.

Azor a cassé le bocal de Joseph.

Le boudoir de Victorine est poli.

On coupera le poil de la lapine blanche.

Cette phrase est correcte.

L'éventail de ma sœur.

Le camail du cardinal.

Le cerfeuil est une herbe verte.

Le sermon du vicaire général a impressionné l'auditoire.

On enfermera le mouton dans le bercail.

Le bail du fermier général.

On mettra un cierge sur l'autel de la sainte Vierge.

Victor mange une alberge verte.

Nestor prendra un bocal de cristal.

Le réveil de Mathurine sera pénible.

L'écureuil est vif, alerte.

Joseph a été le pénultième de la famille de Jacob.

Dieu est le créateur du ciel, de la terre.

Le soleil s'élève jusqu'au milieu du jour.

André se mettra sur un fauteuil.

Germain a perdu son mouchoir neuf.

L'attirail de guerre est formidable.

L'air est une chose nécessaire à l'homme.

1re REMARQUE.

c, f, l, r, sont les seules consonnes finales qui se prononcent, toutes les autres restent muettes.

sac	cheval	cristal	écureuil
sec	noir	neuf	cerfeuil
soc	soir	soif	soleil
bel	cœur	relief	réveil
Michel	causeur	naturel	corail
bal	chaleur	brutal	soupirail

Consonnes finales muettes.

matelas	gigot	petit	prompts
rebut	mot	souris	profonds
habit	pot	étuis	doigts
amas	puits	abus	poings
repos	avocat	tamis	sabots
verjus	haricot	tapis	canards

2e REMARQUE.

La finale **et** se prononce **è.**

buffet coquet promets duvet mollet muet

3ᶜ REMARQUE.

Les finales **ez, er, ied, ieds**, se prononcent **é.**.

allez	aller	pied
montez	monter	pieds
venez	charpentier	messied
chantez	cordonnier	trépied
courez	pommier	trépieds
marchez	prunier	

4ᶜ REMARQUE.

Les lettres **es, et,** employées seules ou dans les monosyllabes, se prononcent **è.**

mes	se prononce	mè
tes	»	tè
ses	»	sè
cet	»	cè
ces	»	cè
es	»	è
et	»	è

mes pommes	cet enfant
tes prunes	ses sœurs
ses blouses	ces cerises
cet homme	ces pêches
ces hommes	tu es

5ᵉ REMARQUE.

Lorsqu'on veut adoucir la prononciation de la lettre **g** devant *a, o, u,* on la fait suivre de la lettre **e,** qui, dans ce cas, n'a aucune prononciation.

flageolet	*se prononce*	flajolet
nageoire	»	najoire
pigeon	»	pijon

---

pigeonneau	plongeon	Langeac
bourgeois	sauvageon	Langeais

6ᵉ REMARQUE.

Lorsqu'on veut rendre au **g** sa pron`onciation gutturale devant les *e* et les *i*, on le fait suivre de la lettre **u** qui ne se prononce pas. Ainsi on prononcera **gu** devant *e*, *i*, *y*, etc. , comme dans le mot gambade.

guide	guêpe	guêtre	guimpe
gueule	guipure	guet	guerrier
guérison	guenon	gué	guichet
gui	guidon	guignon	Guingamp
guingan	guéridon	guignolet	guinée
guitare	Guiolle	guirlande	guise

7ᵉ REMARQUE.

La voyelle **i** suivie du double *ll*, sert dans beaucoup de mots à faire la syllabe et à mouiller le double *ll*, comme dans les mots

fille	papillon	guillotine
bille	grillon	guillerie
billard	anguille	guilloire
famille	guillemet	guillochis
quille	Guillaume	guillemot

et cette lettre **i**, dans d'autres mots sert simplement à former une syllabe comme dans les mots

ville	tranquillement
village	villageois
tranquille	Camille
tranquillité	Achille

8e REMARQUE.

Ueil égale **euil** dans les mots suivants :

cercueil

accueil

écueil

accueillir

orgueil

orgueilleux

orgueilleusement

9e REMARQUE.

Œil égale **euil** dans

œil

œillère

œillet

œillade

œilleton

œillette

10e REMARQUE.

L'e muet placé, soit dans le corps du mot, soit à la fin, ne se prononce pas après une voyelle; mais il rend longue la voyelle qui précède.

joue	pluie	dévouement
boue	mue	gaiement.
plaie	gaieté	enjouement
foie	patrie	engouement

11ᵉ REMARQUE.

Toute voyelle surmontée de deux points ˙˙, appelés tréma, est séparée des voyelles qui précèdent et s'unit à celles qui la suivent.

Moïse	haïr	aïeule
Saül	aïeul	bisaïeule
Zoïle	aïeux	maïs
Caïn	bisaïeux	aiguë

12e REMARQUE.

La consonne **ch** égale **k** dans les les mots suivants :

archiépiscopal	orchestre	écho
Michel-Ange	chœurs	anachorète
Bacchus	chorus	catéchumène
Chaldaïque	archanges	choriste

13e REMARQUE.

La consonne **sc** suivie des lettres *e*, *i*, se prononce **ss.**

disciple	descendre	descendants
condisciple	descente	desceller
discipline	acquiescer	descendances
disciplinaire	acqueiscement	ascension

14e REMARQUE.

Le double **cc** se prononce **x** lorsqu'il se trouve placé devant les lettres *e*, *i* ; en effet le premier **c** doit conserver sa prononciation gutturale, et le second, qui se trouve immédiatement devant *e* ou *i*, doit s'adoucir, ainsi qu'on l'a expliqué à la page 10.

accélérer	succéder	succession
accent	successeur	accidentel
accident	succès	accidentellement
accentuer	successivement	accident

————

15ᵉ REMARQUE.

La lettre **t**, dans un certain nombre de mots où elle précède *i* suivi d'une voyelle, se prononce **sse**.

facéties	ambitieux	ambition
minuties	facétieux	confidentiel
péripéties	partition	essentielle
prophéties	munitions	différentiel
martial	partial	initial

16ᵉ REMARQUE.

Dans les mots suivants, **ien** égale **ian**.

patience	science	client
impatience	conscience	clientèle
s'impatienter	expérience	escient

17e REMARQUE.

La lettre **x** égale **z** dans
deuxièmement, sixièmement, dixièmement

18e REMARQUE.

L'**e** muet initiale placé devant *x*,
suivi d'une voyelle, se prononce **é** et **x**
égale *gz* dans

exaltation	exubérance	exaucer
exil	exiler	exister
exorde	examiner	exigeance

x égale **ss** dans

Auxerre, Bruxelles, soixante, soixan-
tième.

L'**e** muet placé devant *x* dans le corps
du mot devient ouvert, et cette lettre

conserve sa prononciation naturelle dans les mots suivants :

réflexion	réflexibilité	inflexiblement
réflexe	inflexible	inflexion
sexe	sexuel	inflexibilité

19ᵉ REMARQUE.

La finale **ent** égale **e**, et la finále **aient** égale **ai** dans les mots qui expriment que l'on est ou que l'on fait quelque chose.

Les hommes parlent

Les hommes faisant l'action de parler, il faut lire parle.

Les filles dansent

Les filles faisant l'action de danser, on lira danse.

Les hommes parlaient

Les hommes ayant fait l'action de parler, on lira parlai.

Les filles danseraient

Puisque les filles feraient l'action de danser, on lira danserai.

EXERCICE.

Les filles pieuses adorent Dieu.

Elles prient la sainte Vierge.

Les anges gardiens protégent les enfants sages.

Ces hommes voudraient vous parler.

Tous les regards se portaient de son côté.

Les Apôtres enseignaient l'Evangile.

Ces malades touchent à leur fin.

Les maladies ravagent la terre.

Ces livres renferment de bonnes ins-
tructions.

Les bons petits enfants aiment leurs
parents.

Ils apprennent leurs leçons.

De la liaison des mots.

Deux mots ne peuvent être liés que lorsque le second commence par une voyelle ou un **h** muet. La liaison consiste à faire sentir la consonne finale du premier sur la voyelle initiale du second.

bien utile	*prononcez*	bien nutile
mes amis	»	mes zamis
trop entêté	»	trop pentêté
doit être	»	doit têtre
son étui	»	so nétui
deux épées	»	deux zépées
grand homme	»	grand thomme
avec esprit	»	avé quesprit

Lorsque le premier mot est terminé par un **e** muet, on le supprime.

elle arrive	*prononcez*	è llarive
bonne occasion	»	bo noccasion
excellente affaire	»	excellen taffaire
une âme élevée	»	u na mélevée

La lettre **h** est muette ou aspirée.

L'**h** muet n'empêche pas la liaison.

l'honnête homme *prononcez* l'honnet thomme
les héritiers   »   les zéritiers
une héroïne   »   u néroïne
un hermite   »   un nermite

L'**h** aspiré empêche la liaison.

des héros   *prononcez*   dè héros
trois havres   »   troi havres
le hasard   »   le hasard

LECTURE.

Des habits enrichis de diamants et de perles.

C'est-à-dire qu'on n'avait point averti les autres.

On ne pouvait avertir.

On ne pouvait y entrer, sans être étonné.

On parle encore aujourd'hui de cet admirable temple.

C'est être un grand impie que d'y ajouter foi.

Elle est assez ouverte pour qu'on y puisse entrer.

Des turbans abattus et des ennemis épouvantés.

On croit être dans un autre endroit

Jusques alors on se le disait les uns aux autres.

Tantôt il paraissait au milieu de ses amis.

Il est à présent de quatre à cinq heures au moins.

On entendit comme un concert dans les airs.

Après avoir enseigné sept heures entières.

C'est ainsi que les avares pensent ordinairement.

Son amour ne pouvait être mieux exprimé.

On a dit ici qu'il avait arrêté ses ennemis.

Quand elle vint à consolider son opinion.

Travailler avec assez de fruit pour y arriver.

Son naturel angélique étonnait ses ennemis.

On y voyait aussi des ouvrages très-utiles.

Son ami mourut bien avant son établissement.

Huit heures sont sonnées, mais il n'en est pas neuf.

Toujours inquiet, toujours attentif et toujours alerte.

Il y en a sept à moi, trois à vous, et deux à eux.

Il est trop aimable pour ne pas être de la partie.

Pilate a été banni et envoyé à Vienne en Dauphiné; on montre encore une pyramide qui, dit-on, fut son tombeau.

J'ai vu dans la Bretagne un monolithe

qui a reçu la dernière plainte d'une victime humaine.

Le souffle de l'aquilon a gémi : la feuille qui tombe jonche le chemin, l'oiseau a fini sa chanson; adieu, bocage; adieu, vallon.

Cette Allemande a un phlegme à toute épreuve.

La fièvre typhoïde est épidémique

Le Géon, le Phison, le Tigre et l'Euphrate prenaient leur source dans le Paradis terrestre.

Le feu du ciel détruisit Gomorrhe, Adama et Séboïn.

Les bords du lac Asphaltite sont désolés.

Un crampon de fer scellé dans la muraille de la cheminée sert à retenir la pelle et les pincettes.

Ma sœur a un érysipèle et un rhumatisme.

Les missionnaires s'embarquèrent sur des pirogues avec les nouveaux catéchumènes.

Les néophytes répétaient les cantiques avec dévotion.

L'Egypte est une vallée resserrée entre deux chaînes de montagnes granitiques.

L'Afrique a été peuplée par les descendants de Cham.

L'orchestre prélude par des accords joyeux.

L'écho des bois redit la ballade du pâtre.

La prière rend l'affliction moins douloureuse.

L'enfant qui élève son cœur à Dieu recevra de grandes grâces.

La pâquerette fleurit à Pâques.

L'enthousiasme s'empare de tous les cœurs : mille voix s'écrient ensemble : Allons combattre.

Sur une montagne de la Judée, une croix s'est élevée pour sauver le monde.

Les bords du Tage sont gracieux.

Les vieux donjons sont habités par les oiseaux de proie.

Le cygne s'endort sur le lac paisible.

La couleur de pourpre fut découverte par le chien d'un berger.

Les éléphants sont susceptibles d'éducation.

Les graminées sont des plantes annuelles.

Le bouvreuil est un des plus jolis oiseaux.

L'autruche a des ailes trop courtes pour

voler ; mais en revanche, elle galope aussi bien que le meilleur cheval : lorsqu'elle est poursuivie, elle cache seulement sa tête, aussi elle est très-facile à prendre.

Chaque fois que Paul et Marguerite travaillent, ils sont malades et ont besoin de quelques jours de repos et de promenade pour se remettre.

Les bons pères ne sont pas ceux qui gâtent leurs enfants ; mais ceux qui leur inspirent l'amour de Dieu et de leur devoir.

Le printemps amène avec lui le chant joyeux des oiseaux, et, ce qui est plus agréable encore, les jolies fleurs de nos parterres.

Toulouse, Imprimerie, L. Hébrail, Durand et Comp.

ulouse, Imprimerie Hébrail, Durand et Comp.

www.ingramcontent.com/pod-product-compliance
Lightning Source LLC
LaVergne TN
LVHW021724080426
835510LV00010B/1125